무화과나무 아래 있을 때

김경남 시집

시와사람

무화과나무 아래 있을 때

시인의 말

내가 무화과나무 아래 있을 때 부르시고 삶의 여정을 인도해 주신 하나님께 영광을 돌립니다.

입춘이 지났지만 쌀쌀함은 아직 봄기운이 멀리 있음을 느끼게 합니다. 초등학교 4학년 때 담임선생님의 권유로 시를 접한 후, 작가를 꿈꾸던 수줍고 내성적인 시골아이는 삶의 파도를 넘느라 글쓰기를 덮고 살아야 했습니다.

벌써 50년이 훌쩍 지나 어린 시절 꿈을 다시 꾸게 되었고, 용기를 내어 시를 쓰기 시작했습니다.

제가 글을 쓴다는 것은 너무 오래 묵혀 다시 끄집어 낼 수 없는 그리움처럼 이미 허물어진 담장을 다시 세우는 일과 같습니다. 하지만 하나님께서 허락해주신 사랑의 마음으로 세상을 바라보는 노력을 하고자 합니다. 힘들고 지친 사람들을 향한 하나님의 뜻이 무엇인지 알아가고자 합니다. 이제 걸음마를 시작하였으니 배우고 느끼며 묵묵히 걸어가겠습니다.

말씀속에서 늘 영감을 얻게 해 주시는 무학교회 목사님과 같은 길을 가는 든든한 교우들에게 감사를 드리고, 항상 부족한 저를 돕기 위해 주님이 보내주신 첫 번째 천사인 어머니와 두 번째 천사인 아내(장미숙권사), 그리고 세 번째 기쁨의 천사들(다솔,하은,주열) 에게 고마움과 사랑을 전합니다

2023년 3월 1일

차례

2부 호박꽃이 예쁘다

3부 시방 어디가요?

4부 추수 끝난 들녘에서

1부

무화과나무 아래 있을 때

골고다 언덕길

분노의 숲을 따라
구불거리며 올라가는 언덕길

십자가의 무게는
거부할 수 없는 아우성으로
흙먼지를 날린다

맨발의 상흔은
불규칙을 남기고
세상을 향해 나아간다

가시에 찔린 이마
방울되어 날리는 붉은 사랑

무화과나무 아래 있을 때 · 1

무화과나무 아래 있을 때
그가 나를 찾아 왔다

무심한 나를 바라보며
사랑한다 뜬금없는 고백에
나는 일어섰다

내어민 손에 이끌려
살아온 반백 년

그의 등에 업혀
세찬 강물을 건너고
돌부리에 걸려 넘어지고
눈보라를 맞아도
우리는 서로 안에 있었다.

그가 내 안에
내가 그 안에
우린 말하지 않아도
이미 하나였다

무화과나무 아래 있을 때 · 2

-무학교회 30주년을 맞아

삼십 별의 징검다리를 건너
그립던 옛날
작은 무화과나무
그 아래 있을 때
주님, 나를 부르셨네

참 이스라엘 사람

그 속에 믿음이 있고
그 속에 순종이 있고
그 속에 열정이 있고
그 속에 간사함이 없도다

새벽 닭의 슬픈 울음
부끄러운 나를 불러
이 제단을 맡기셨다
네가 나를 사랑하느냐
주님 물음에 나는
말없이 띠를 띠고 길을 나섰다

나는 주님의 손을 잡고
돌다리를 건너고
주님의 손을 잡고
어두운 골목을 지나고
주님의 손을 잡고
햇빛 찬란한 아침을 맞았다

무화과 나무는 무성하여
그늘을 드리우고
주님 손 잡은 자녀들의 천국

하늘이 열리고
큰 일을 보리라

당신은
하나님의 아들이시요
나의 왕이십니다

가을 숲길을 걷다

감사절 오후,
당신이 만든 갈색 캔버스 위를
걷습니다

당신은 가을 수채화를 그리고
단풍비가 소소히 내리는
떡갈나무 숲 오솔길을
만들어 놓으셨네요
나는 그 길을 걸어
당신이 계시는 곳에
이르기를 원합니다

가을 꽃향기에 취해
비틀거리는 오솔길을 따라 걸으면
당신은 숨소리도 지칠 언덕을 그리고
거친 바위를 두셨네요
깃털처럼 가벼운 낙엽들이
뒤척이며 속삭입니다
"너 너무 지쳤다. 여기 앉아 쉬어라"
바위 옆 작은 벤치에 앉아

앞산 너머를 상상해 봅니다
당신은 봄바람처럼 부드럽게
때론
천둥처럼 큰소리로
팔을 휘저으며 떨어지는
나뭇잎의 외침처럼
만드신 자연을 통해 말하고
나는 당신의 말씀을
받아 적습니다
"너를 사랑한다"

잡목이 우거진 숲길은
낙엽 삭은 향기를 실어
굽이돌아 멈추고
억새풀 흰머리 가득한
가을빛 전망대에 올라
두 팔 벌려 당신을 향해 외칩니다

가지 치기

이마를 스치는 가시 톱날
양팔 벌려 결박당해도
열매를 가득 안았던
굳게 뻗은 팔

겨우내 살찌운 옆구리
아무런 망설임 없이
일순간 싹둑 잘린다

무심코
잘린 단면을 보니
참으로 몰강스럽다

예리한 상처
못 박힌 팔목에서
진액이 통각으로 흐르고,

십자가의 아픔처럼
생살을 도려내는 고통을
견디어 내고,

찬란한 봄빛 따라
새 생명이 꽃으로 피어나
희생의 열매는
사랑으로 부활한다

보물찾기

우리 걸어가는 삶의 길가
작은 바위 밑에
고목되어 온기 사라진
늙은 소나무의 옷깃 속에
보물이 숨겨져 있다

감사는 알사탕처럼
절망과 불평의 겉옷을 입고
심장 깊숙한 골방 속에 있다

감사는 지하수처럼
깊숙한 울림으로
만물을 소생케 한다

보물을 찾아내자
바위를 들어내고
옷깃을 열어젖히고
불평을 벗어 던져

우리 마음

찬바람에 부대끼다
작은 가지 하나 달랑거리는
고목의 갈라진 등걸처럼
우리 마음도 생채기 가득

서릿발 같은 비난 태풍같은 험담
북풍에 동반된 눈보라 같은 외면에
갈라진 상처 위로
봄바람처럼 불어오는 위로에
또 하나 생긴 상처 딱지

하나님은 우리를
자신처럼 만들었다는데
우린 왜 하나님처럼 살지 못할까?

오늘도 겹겹이 쌓여가는
생채기 위에 또 덧나고
고목의 등처럼 휘어지는
우리 마음

강을 건너다

한 줄 허공에 달린
다리를 지나
오늘도 강을 건넌다

이 위태로운 다리에
의지하지 않으면
유유히 흐르는
저 강을 건널 수 없다.

모세는
지팡이를 들고 홍해를 건넜고
여호수아는
언약궤를 메고 요단강을 건너
안식의 땅으로 들어갔다

길을 가다보면
앞을 막아서는 것이
어찌 이 강뿐이겠는가?
수많은 강이
흐르고 있다

때론 무심한 듯
아무 표정도 없이
어제와 같은 모습이지만
여전히 위협적이다

얕으면 바지를 걷어 올리고
깊으면 헤엄쳐 건너야
비로소 가나안이다

얼마나 아프셨을까

언제부터인지
아픔이 느껴지지 않았다

고난주간을 보내면서
십자가의 아픔보다는
슬픔을 훔치며
음식을 탐하는 문상객처럼
홍어 접시는 쌓여가는데

이런 내가 미웠을까?
눈이 밤송이처럼 부어 오르고
입술에는 물집이 잡혔다

성 금요일 아침 출근길
이제야 아픔이 느껴진다
이 작은 상처도 고통스러운데
당신은 어떠했으랴...

우리가
느낄 수 있는

한계를 넘어가는
그 고통은 어떤 것일까?
다시금
십자가를 바라본다

골고다 언덕에서

허기진 바람이
시린 이를 드러내며 휘돌아 드는
골고다 언덕
긴 그림자를 밟고 서 있는
십자가 세 개

핏방울을 흘리며
가운데 높은 십자가에 오르신 주님
시내산을 넘어
온 인류를 안고 안도의 숨을 내쉴 때
오른편 작은 십자가에
부끄럽게 걸려있는
양심 한조각

욕망과 죄악은
왼편 십자가에 걸어놓고
믿는다는 말 한마디로 주님따라 갈까
십자가의 고통보다 더 무거운 마음
화살처럼 날아드는 비난과 욕설
귀막고 눈감으니 다가오는 속삭임
"나와 함께 낙원에 가자"

때로는 죽음도 기쁨이다

허리가 잘린 배추
우박처럼 떨어지는 소금세례
밀물처럼 덮치는 매운 양념장
온몸이 피투성이여도
나로 인해 온 겨울이 즐거운 사람들
죽는 것이 또한 즐거울 수 있다

가으내 숨겨왔던 흰 엉덩이이 무
발가벗겨 깎여지고 잘라져도
부끄럽지 않다
세례 받는 마음으로
머리까지 물속에 잠겨
온몸이 하얗게 되어도
나의 속살을 아삭거리며 즐기는 사람들
죽는 것이 또한 기쁨일 수 있다

밥 짓는 사람

성결의 쌀을 씻어
희생의 물을 붓고
열정의 불꽃으로 밥을 짓는다

한 알의 밀알처럼
감사의 쌀 한 톨
순종의 콩 한 알
십자가처럼 무거운 무쇠 가마솥
땀방울 뚝뚝 내리 눌러
복을 짓는다

하얀 김이
은혜 구름으로 피어오르고
성실한 주걱은 쌀과 콩 사이를
화평케 하며 분주하다

한 주걱 가득 사랑을 담아주고
우린 행복을 먹는다

치마 가득 성령의 열매를 담아
오늘도 밥을 짓는 사람은
하늘의 복을 짓고 있다

봄이 오듯이

-무학교회 30주년을 맞아

길고 긴 시간 속에
변하지 않는 계절의 진실
동토의 얼음장 밑에도
꿈틀대는 생명의 기운
하루의 짧은 시간이듯
혹은 수십 년의 인내이듯
보이지는 않지만
기운은 흐르고 있다

어디서 와서
어디로 가는지 알 수없는 바람에
굳은 마음의 껍질이 벗겨지고
하나둘씩 모인 믿음의 새싹들이
30년을 지나
이제 튼실한 나무들이 되었다

이제
우리 노래하자
봄바람처럼 부드러운 주님의 사랑을

이제
우리 외치자
추위 속에 움트는 새싹 같은 역사를

이제
우리 꿈꾸자
푸른 생명 가득한 나무처럼

그가 오시면

급하고 강한 바람처럼
성령이 오시면
우리는 말합니다
언어는 달라도
하나님이 행하신 큰일을

불의 혀처럼 임하시는
성령이 오시면
우리는 말합니다
주님이 행하실 새로운 일을

봄바람 같은 속삭임으로
성령이 오시면
우리는 듣습니다
길가의 풀잎 하나
돌멩이 하나까지도
사랑을 노래하는 소리를

보혜사 성령이
내 안에 오시면

나는 알 수 있습니다
내가 누구인지
어디에서 와서 어디로 가는지
그 여정이 눈에 보이지 않아도
나는 확실히 알 수 있습니다
하나님이 내 아버지인 것을

폭풍처럼 강한
성령이 오시면
우리는 예언할 것입니다
환상을 보고 꿈을 꿀 것입니다
새 술에 취한 듯
외칠 것입니다
“누구든지 주의 이름을 부르는 자는
구원을 받으리라“

수가성 우물가에서

우물가에서 만났습니다
내가 만난 것은
여섯 남편의 아내가 아닌
맑은 물에 비친 나 자신이었습니다

나를 보았습니다
목이 말라
온 샘물을 다 마셔도
채워지지 않을
갈증을 보았습니다

우물 속에 또 우물이 있습니다
물속에 또 물이 있습니다
영혼을 살리는
영생의 물이 있습니다
세상의 물과 섞이지 않고
세상의 물을 밀어내고
영원토록 솟아나는
샘물이 있습니다

나는
우물가에 기대어
물을 길어 올립니다
물속에서 솟아나는 물
영원히 목마르지 않을
생수를 마시겠습니다

당신 앞에
신령과 진정으로 예배합니다

베드로처럼

목청을 가다듬는
수탉의 검붉은 깃털 같은
여명이 밝아오는
고난의 뜰

죄악으로 이글거리는 모닥불
"이 사람도 그 도당이라"
"나는 도무지 그를 알지 못하도다"
황급히 손을 내저은 베드로처럼
세상을 향해 휘저은
부끄러운 나의 손

주님과 함께 죽겠다던
허울 좋은 장담은 연기처럼 사라지고
회한의 발자국만 남긴
갈릴리 바다

커다란 입

세상 사람 하나같이
입 크기 경쟁하네

갓난아이
젖 달라고 입 크게 벌려 울음 울고

처마 밑 새끼 제비들
입 크기 경쟁하네

사람들 모이는 곳
입 크면 성공한다고 생각하네

입 크면 많이 먹네
입 크면 싸움에서 이기는 세상

예수님은 언제 입을 크게 벌리셨을까?

나그네

우리는 모두
천국을 향해 가는 나그네
주신 사명 마쳤으니
본향으로 돌아감이 영광스럽지 아니한가

날씨가 덥다고 탓하는가
바람 불고 춥다고 불평하는가
우리 가는 길에 날씨가 대수인가

등에 진 인생의 보따리는
작을수록 좋다오
걱정 근심 지고 가며
그 무게를 어찌 견디려는가

천국문 이르러
다 벗어 버리고
믿음과 사랑의 날개로
힘차게 날아올라야 하지 않겠는가

수십 년 광야길

돌고 돌아
때론 돌부리에 걸려 넘어지고
웅덩이에 빠져 흙투성이 되어도
생채기 난 영혼 위로하고
상처난 발을 씻겨주실
주님이 계시기에
우리 기쁘지 아니한가

앞서거니 뒤서거니
천천히 나아가세
이 길은
언젠가 천국에 이르게 될 터

그 발걸음을 멈추지 마시오
발이 부르트거든 무릎으로 오르고
무릎이 찢기거든 네 발로 나아가시오

우리는 모두
천국을 향해 가는 나그네
이제 사명을 마쳤으니
본향으로 돌아감이 어찌 기쁘지 아니한가

칠월에는

은혜로 주신 칠월에는

세상의 모든 소리를 닫고
잠잠히
오직 잠잠히 침묵하게 하소서

간음한 여인을 앞에 두고
온갖 아우성을 들으며
말없이 땅에 글을 쓰신 주님처럼

메네 메네 데겔 우바르신*

세미하게 들려오는
말씀을 듣게 하소서

나는 너의 마음이 되고
너는 나의 가슴이 되고
나눔이 아닌 덧셈의 십자가를
우리 힘을 합해 지게 하소서

칠월에는
십자가의 보혈이
우리를 통하여 사랑으로 흐르게 하소서
우리의 몸짓과 손짓에서
사랑이 무지개처럼 피어나게 하소서

뜨거운 태양이 가을의 결실을 일구듯
희생의 거름을 뿌린 생명 과수원에
성령의 열매가 포도송이처럼 맺도록 하소서

은혜로 주신 칠월에는
우리 가는 길이 고난의 사막일지라도
생명 찾아 떠나는
천국 나그네가 되게 하소서
오직 잠잠히

*성경 다니엘 5장 25절 말씀

함박눈은

생채기 난 고목의
시린 허리를 감싸주는
하나님의 사랑입니다

수많은 발길에 채여 패인
아스팔트의 시린 가슴을 덮어주는
하나님의 위로입니다

삶에 굶주려 번득이는
나의 눈을 가려주는
하나님의 은혜입니다

죄악으로 검게 변해버린
나의 마음을 하얗게 덮어주는
하나님의 자비입니다

어느 가을날 오후

낙엽을 쓸고 가는 휘몰이 바람은
가녀린 어깨위로 굵은 닭살이 돋게 하고
외발로 무거운 삶을 지탱하던 가로수는
녹색의 두터운 외투를 벗고
색 바랜 옷으로 갈아 입는다

이제 바람이 더욱 차가워지면
그 옷마저 벗어 던지고
온 몸으로 세찬 눈보라를 맞으며
눈 질끈 감고 온 겨울을 지내야 할까
파르르 떨리는 눈가에
힘없이 떨어지는 갈색 천 조각 하나

하나님은 우리에게
햇빛과 공기를 골고루 주셨는데
왜 우린
많은 자와 적은 자로 나뉘어 사나
오는 모습과 가는 모습이 같은데
가는 모습은 가로수처럼 향기가 없다

2부

호박꽃이 예쁘다

호박꽃이 예쁘다

오늘 아침
다시 보니
호박꽃이 참 예쁘다

갈색 나무 울타리에
나긋한 어깨를 올려놓고
빙그레 웃고 있는 호박꽃이
참 예쁘다

어떤 편견도
진실을 이길 수 없는 법
잔주름 치마 끝단을 따라
나팔처럼 큰 귀로
하늘의 소리를 듣고
꿀벌친구의 이야기를 들어주는
참 예쁜 꽃이다

울타리 꼭대기는
나풀거리는 나팔꽃에 내어주고
무릎 앞에는

하늘거리는 키 큰 코스모스를 앉혀주고
뽐내거나 교만하지 않고
세상의 눈을 끌어들일
몸짓은 없지만

일생을 두고 큰 잎에 가려
긴팔 뻗어가며
음표처럼 매달려 화음을 이루는
이슬 젖은 호박꽃이
참 예쁘다

가을에는 · 1

은빛 해변에 속삭이던
연인의 대화가 그리워지고
세상이 궁금하여 뛰어오르는
숭어의 은빛 날개가 그립다

초가 지붕에
달을 남겨두고 떠난
박꽃이 그리워지고
온몸으로 태양을 향해
항거하던 몸짓으로
말라버린 작은 나뭇잎이 그립다

가을 바람에 휩쓸려 나온
추억의 끝이 그리워지고
가끔 올려다본 가을 밤
시선 끝에 매달린 옛생각이 그리워진다

가을에는 빛바랜 책장 사이
단풍잎 편지가 그리워진다

가을에는 · 2

가을에는
이름 모를 그리움

눈짓 한번 주지 않는
허수아비 바라보다
흰머리 바람에 맡겨버린
억새의 초점 없는 흔들림

갈색으로 변할 때까지
온 생을 이어나간
길섶 작은 풀
바람에 밟혀 꼬부라진 등위로
떨어지는 가을빛이 허허롭다

의미 없는 바람에도
같이 눕고 일어나는
구절초 마을 골목길을
달려도
달려도
흩어지지 않는 그리움

낙엽

서러워
뒹구는가
뒹굴어
서러울까?

바람 스쳐 간 이별의 거리
빨갛게 멍든 가슴
부여잡고
차가운 바닥에 누워
두 발을 구른다

갈대숲

겨우내 말라버린 갈대숲
앙상한 손을 휘저어
연신 무엇을 가리키고 있다

입춘이 지난 창밖 햇빛은
봄나물 고개 내밀듯 다가오지만
건물을 한 바퀴 휘돌고 가는 바람은
소리만 들어도 허리를 꺾이게 한다

월출산 꼭대기로 옮겨간
눈보라와 세찬 바람에
몸은 누렇게 말랐어도
아직 심장은 살아
허공에다 무얼 외치려 하는가?

흰머리 윤기 없는 옷자락에
참새도 살지 않지만
강풍에 마음모아
같은 방향으로 손짓하며
푸르게 솟아오를 꿈을 찾는다

그늘에 앉아

그늘에 앉으니
잔디 사이로 빼꼼히
토끼풀이 인사한다

솔숲사이로 불어오는
시원한 바람은
삶의 고단함으로 뭉친
굵은 땀방울을
닦아주고

인생의 꿈은
하늘 높이 솟은 소나무 마냥 높았는데
현실은
길가 돌 틈에 고개를 내민
민들레처럼 위태롭다

올망졸망 키 작은 풀들은
키 큰 나무들 사이로 비추는
햇빛을 나누어 가지고
몇 평 안 되는 좁은 공간에도

서로 자리를 내어주며
조화롭게 앉아
서로 마주보며 웃는다

화려하거나
때론 소박하거나
저마다 모습을 드러내지만
모두 은혜 안에 있다.

낙엽을 쓸며

가을 햇살
긴 꼬리 밟으며
산그늘이 슬며시 내려오는 오후
찬바람에 오히려 벗어버린
삶의 단편들을 쓸어 모으고 있다

예쁜 꽃 피워 올려
병풍 되어 받쳐주던 녹색의 생명
이제는 쓸모없어 벗어버린
책갈피에 꽂기에는 너무 큰
삶의 한 축을 담당했던 의미들

이 밤을 새워
어느 다비장에서
또 다른 삶을 위해 화려한 불꽃으로 타올라
예쁜 꽃을 피워 올리기 위해
태양을 향해 녹색의 바다를 향해 하겠지

색 바랜 캔버스에
깊은 가을을 칠하고

홀로 남은 단풍잎이 그리워
서러움에 뒹구는 낙엽을 쓸어 모으며
보석 같은 추억 하나를 주워 든다

낙조

불에 달군
꿀떡
삼킨 바다의 속내는
어떤가?

바다도 붉게 타고
구름도 붉게 타고
놀라 뛰어나온
두어 개 섬도 붉게 탄다

눈밭을 걷다

앞서간 발자국을
따르다 보니
에구 미안하다

저 순결한 세상에
티끌을 묻혀 놓고
세상의 온갖 추문을
질질 끌면서
절그럭거리며 가고 있다

눈꽃 송이가
어깨를 힘겹게 내려뜨린
산사의 뜨락에 서니

깨달음에 목마른
노승의 염불 소리가
선선히 울어대는 산새 소리보다
청아하지 못함은
나만의 느낌일까?

대나무 숲

창문너머 응달진 뒤뜰
눈이 시리도록 푸른 대나무 숲
한 줌도 안 되는 가는 허리로
비바람을 버티며 살아가는 대나무들
봄바람이 불어오면
서로 얼굴을 들여다보며
어깨를 들썩인다
세찬 폭풍우 몰아치면
넘어질듯 꺾일 듯 가는 허리
서로 어깨동무 하고
파도타기 응원하듯
같은 방향 같은 몸짓
온 숲이 군무(群舞)를 한다

들이 푸르다

한차례
소나기가 지난 들판
참 푸르다

소나무는 여전히 그 자리에 서 있고
길가의 풀들은 잠시 고개 숙였을 뿐
햇빛을 받아 다시 푸르다

세상 시끄러운 소리는
천둥 속에 사라지고
내 귀는 아무 소리도 들을 수 없다

온갖 화려함은
번개 속에 사라지고
나의 눈은 어떤 색채도 볼 수 없다

나의 생각과 눈과 귀도
자주 소나기가 내려
늘 푸르게 되었으면 좋겠다

또 한해가 가고

너무 많이 물을 먹었나
가로수의 배는 점점 불러
또 한 눈금 늘어난 허리띠
녹색의 옷이 낡아 해어질 때쯤
휘돌아치는 바람 따라
또 한해가 간다

삼백 번 이상 숨바꼭질
지친 해님 얼굴 상기되고
다이어트와 요요의 반복 속에
달님 얼굴 변화에 적응할 무렵
검은 커튼 타고 흐르는 유성처럼
또 한해가 간다

아기 잇몸에 하얀 이처럼 솟아난
한해의 계획이
할아버지 잇몸에 누런 이가 달아나듯
퇴색되어 사라지고
듬성듬성 서 있는 시린 이 사이로
또 한해가 간다

바람도 길이 있다

서해를 건너
거침없이 달려온 바람
내월우실* 앞에 멈췄다

아낙들 얼굴 전시된
돌담길 따라 돌아 나오니
키 큰 소나무숲이
앞을 막아선다

여기부터
사뿐사뿐 조용히 걸어야 해

*내월우실 : 비금도에 있는 방풍 돌담

벚꽃

갑사 가는
굽은 길모퉁이
은하수가 내려와
나뭇가지에 걸려있다

봄바람에
수줍은 나무 속눈썹 위로
시샘하는 봄비
새잎을 재촉하고

햇빛 좋은 봄날
재잘거리는 아이들
허리 굽은 봄길 따라
나무에 솜사탕꽃이 피었다

복수초

슬쩍
내비친 노오란 속내
된서리를 맞았다

흩날리는 춘설은
무슨 심술일까?

속내를 들여다본
이른 봄빛처럼

모른 척
지나가도 좋으련만

분꽃

수줍어
눈감은 노랑 분꽃
가난이 부끄러운
분홍 분꽃

분꽃이 피면*
어머니는 저녁을 지으신다
보리쌀 한 줌 집어
절구통에 넣고
한숨이 부서질 때까지 찧는다

분꽃이 활짝 피는
밤이 되면
식구들은 끼니를 때우고
어머니는
분꽃 향기에 취해 잠이 든다

*분꽃은 대개 오후에 개화한다.

석양

길고 긴 봄날 오후
친구와 종일 놀다 지쳐
집으로 가는 해님
못내 아쉬워
서쪽 바다 건너 외딴섬 위로
붉은 옷자락 힘없이 끌며
빼꼼히 돌아본다

아직 차가운 봄바람에
어린 나뭇잎 몸을 움츠리고
동쪽 하늘엔
볼이 통통한 달님이
일터로 나가기 위해
하얀 얼굴을 단장한다

길고 긴 봄날 오후
친구와 종일 놀다 지쳐
집으로 가는 참새 한 마리
긴 햇살 사이로
세발뛰기를 하며 간다.

연못을 만들다

마당 한켠에
작은 연못을 만들었더니
하늘이 들어와 앉았다

지친 작은새 찾아와
뭉게구름을 꺼내
솜사탕처럼 먹고
발자국 하나 남기고 떠났다

밤이 되면
키 큰 나무 하나
긴 도포자락을 끌고
머리에 무리진 달을 이고 찾아와
연못가를 거닌다

연꽃

뿌리를 진흙속에 두고
흙탕물을 마셔도
잎은 청청하고
꽃은 고고하다

속세에 살아도
고개 숙이지 아니하고
큰 손 벌려 우로를 받아
하늘양식 기뻐하며
분홍으로 벙그는
군자의 향기

영산나루

흑산도 어부들의
거친 숨결이 닻을 내리는 영산나루

역사의 아픈 흔적을 허리에 새긴
늙은 팽나무의 긴 어깨위에
가을 어둠이 내려앉는다

풀벌레도 귀를 기울이는 색소폰 소리는
우리의 대화를 과거로 돌리고
홍어의 곰삭은 맛과 어울려
바다에서 건져 올린 추억을 붙들고 있다

과거를 현재로 분칠한 카페
마주앉은 찻잔에서
부끄러움이 피어 오르고

어둠이 짙어갈수록
추억은 은하수처럼 빛나고
선율은 흔적을 남기고 흐른다

우롱차

아리산 기슭
이슬 머금은 아리따운 처녀
녹색 미소가 바다를 건너다

자극 없는 향
중독 없는 맛

커피처럼
세상을 희롱하거나
우롱할 이름은 없지만

오래 사귄 친구처럼
늘 정겹다

은행잎 지던 밤

지난밤에
무슨 일이 있었나?
세상이 온통
노랗게 되었어

밤새워
가슴앓이
노랗게 물든
심장들

홍련화

창백한 화선지에
붉은 심장을 펼쳐
홍련 한 송이를 그렸다

아직
차가운 바람
펼치지 못한 손바닥은
하늘을 향한 몸부림

근원은
흙탕물 속에 있어도
영원을 향한 붉은 마음은
세속에 물들지 않고
솟아오른다

흰동백

어둠 속에
흰빛 한줄기
새로운 세상이 열렸다

노오란 입술
달콤한 속삭임으로
옆 친구 잠 깨워
가지마다 다소곳이 앉아
흰 새가 되고
서로 화답하며 노래한다

바라보는 방향은
각각 다르지만
순백의 진리는 하나가 된다

3부

시방 어디가요?

시방 어디가요?

시방 어디 가요?
벌써 세 번째 물음이다
병원 한번 모시고 가는데
이 물음을 몇 번 더 들어야 할까

내가
옛날에는 동네 부녀회장도 하고
똑똑했었는디
이젠 바보 멍청이가 되어 부렀어

애써 외면해도
젊은 날의 기억은
새록새록
서글프게 밀려온다

아내의 불호령

여보-

먹빛 하늘에
순간 꼬리를 감추는 번개처럼
천둥소리를 예감하며
귀를 움추린다

분주한 아침 화장실
상념의 세계를 미소로 탐험하던 시간
날선 면도날처럼
귓전을 파고드는 환청

검은 숲속의 하얀 눈길을
스키처럼 미끄러지는 면도날은
지난밤의 꿈을 밀어내고
상상의 세계는 아쉽게 사라졌지만
나이가 들수록
아내의 목소리는
더욱 정겨워진다

安心

幸福을
구하려 하지 말고
편안한 마음을 구하라

幸福은
손가락 사이로 빠져나가는 맑은 물
아무리
움켜 마셔도 목마름 여전하다

가만히 앉아 있어도 들리는
솔숲의 바람
애써 움켜 잡지 않아도
내 안에 들어와 가득하다

알게 된다

살다보면 알게 된다
살다보면 결국 알게 된다

언제 씨를 뿌려야 하는지
언제 잡초를 뽑아야 하는지
언제 약을 치고
수확을 해야 하는지
농사도 인생도 시간이 지나면
다 알게 되는 것이다

어설피 울다

봄부터 다져온 공력
힘껏 목을 뽑아 외쳐보지만
득음하지 못한 소리꾼의 외침처럼
아직 어설프다.
꼬끼오-올
가락은 서툴고
음은 짧고
목소리는 변성기 소년처럼 탁하다

갓 솜털을 벗은 날개로
그동안 갈고 닦은
모든 지식으로 퍼덕거려 보아도
허공에 걸린 횟대는 높아만 보인다

옆집에 사는
얼굴도 모르는 수탉은
노련한 곡조로 길게 목청을 돋우어
심기를 불편하게 한다
꼬끼오 – 오 -

나이가 들면 노련해지련만
아직 철모르는 우리 집 수탉은
몇 시인지도 모른 채
연신 탁한 목소리로
어설피 울고 있다
꼬끼오-올

예방주사

단체로 예방접종 가는 길
앞서거니 뒤서거니
뒷걸음 치고 있다

소독냄새가 진한
문을 열고 들어선 병원
상냥한 미소가 부담스런 간호사가
능숙한 솜씨로
검투사처럼 주사기를 빼어든다

이미 항복한 듯
팔을 올려 벗은 한쪽 어깨를
내밀고 눈을 감는다

싸늘한 칼끝을 느끼는 순간
모를 두려움에 몸을 움츠리고

이내 찾아온 평화에 미소가득
서로 무용담을 주고 받으며
수다로 시끄럽다

오미크론

원하지 않던
사랑

일방적인
사랑

언제부터인지
생각나지도 않는

오!
미끄러진 사랑

이를 뽑다 · 1

이를 또 뽑았다

앓던 이를 뽑은 시원함과
평생의 동반자를 잃은 서운함이
교차한다

어릴 적
까치에게 던져주며 소원을 빌던
희망이 담긴 서운함이 아닌
서글픔이다

일생을 묵묵히
먹는 즐거움을 선물하면서도
한마디 불평 없이 입에서 나가는
모든 사설들을 다 들어주고

이제는
수명 다해 통증만을 안겨주는
애물단지를
마침내 몸 밖으로 내보냈다

상실감을 안고
뿌리 뽑혀 나뒹구는 고목처럼
말없이 누운 이를 보며

나는 다시 한번
부질없이
남은 이를 세고 있다

이를 뽑다 · 2

앓던 이를 뽑으니
평화가 찾아왔다
통증이 사라지고
입맛이 살아났다

귀하게 여기는 것들이
가시가 되어 찌른다
아끼고 아끼다 보니
애물단지가 되어 힘들게 한다

손 놓아 버리면
새로운 세상인 것을
양보하고 비우고 난 다음에
비로소 알게 된다

응급실

올려다 볼수록
현기증을 느끼는 삶의 언덕

지금 이 순간도
가느다란 줄 하나에 생명을 걸고
힘겹게 올라간다

심장은 파편이 되어
한잎 한잎 붉게 떨어지고
얼굴과 팔에 얽혀있는 줄들은
삶에 허덕임 만큼 복잡하다

힘겹게 내쉬는 숨 하나가
삶과 죽음의 경계가 되고
앰뷸런스의 불빛따라
출렁이며 넘나든다

참깨 한 되

깨 내놔라 이년아
젊은 년이
양심이 있으면
종자라도 두고가지

요양보호사를 쫓아낸
할머니의 기억은
인생 어디쯤 아픔일까?

비상등 켜고
온 집을 홀딱 뒤져
발견된 참깨 한 되

이 깨는 그 깨가 아니여

잊지 못해 아픈 기억
잃어버려 슬픈 사랑

철이 들다

봄이 오고 가을이 가는 길목
자연은 색 따라 철이 든다

사람에게도 철이 있다

청년의 때가 있고
노년의 때가 있다

자연에 무늬가 있듯이
사람에게도 무늬가 있다

철따라 무늬는 바뀐다
무늬를 알고 느끼고 인정하는 것

철이 드는 것이다

첫눈

기다렸어요
며칠째 밤을 설치며
설레임으로
커피를 마셔보지만
오히려 내 밤은 하얗게 되었어요
어둠이 발을 내미는
돌담길을 서성거리다
까치발을 들고 돌담너머 마주친 찬바람에
먹먹한 가슴은 천근이었어요

반가웠어요
당신은 바람에 안겨왔네요
그리움이 말을 못하고
눈가에 맺혀 떨어져요
밤을 새워 당신을 그리워했지만
또 다른 태양이 당신을 데려가네요

모르겠다

살아도
모르겠다
살아도
살아도 모르겠다

건너 동네 개는
왜 밤마다 짖어 대는지

이동 목욕탕

거기 목욕탕 아니요?

새벽 4시 8분
힘겨운 삶의 고개를 넘어가는
할아버지의 목소리다

아무리 애를 써도
이루어지지 않는 꿈에서의 일은
새벽에 울리는
불안한 핸드폰 소리에
산산히 부서지고
망설이는 손짓으로 핸드폰을
집어든다

네, 목욕차량 운영하는
센터 맞아요

눈썹

얼굴 한켠에
아무렇게나 누워있는 부조화
아내의 화살이 늘 꽂히는 과녁이다

중요한 역할도 없이
고약하게 이층으로 자리를 잡았다
자세를 바로하면 인자한 표정을 얻으련만
나날이 더해지는 성형의 아우성

어느 날
비장한 마음으로 이층을 헐어버렸다
우연히 발견한 딸애가 박장대소를 한다
거울을 볼 때마다
하나님의 능력을 요구하는 기도가 간절하다

허전함, 인자한 표정을 얻으려는 노력은
잡초만 무성하게 하였다

다시 세운 이층
조화로움으로 다시 살아났다

물리치료실

오메!
자네도 왔는가?

읍내 의원의 물리치료실은
동병상련의 반가움이 교차하는
동네 사랑방

붉은 황토밭의 넓이만큼
뒤틀린 척추
장바구니 마다 통증 한가득 안고
이웃사촌이 모여든다

젊은 모습은 자식에게 물려주고
매화나무 등걸처럼
마디마디 굵어진 고목에
꽃을 피우기 위해
뜨끈뜨끈한 열정보따리를 등에 지고
전기의 칼칼한 자극을 온몸에 받는다

젊은 남자의 손길에
허리를 맡긴 할머니
반쯤 감긴 눈으로
젊은 날을 회상하듯
나직이
“이 총각 우리 집에 데려가면 좋겠다”

물만 먹어도

물만 먹는데
산자락 소나무는
붉그레한 얼굴로
세월이 지날수록
그 잎이 날로 푸르다

물만 먹는데
양지쪽 매화나무는
붉은 꽃을 피워내고
향기를 봄바람에
실어 보낸다

물만 먹는데
시루 안 콩나물은
좁은 틈으로 다투어
발을 뻗고
음표를 머리 위로 밀어 올리며
화음을 이루어 노래한다

물만 먹는데
연못의 물고기는
마음껏 꼬리를 흔들며
힘을 얻는다

물만 먹어도
살이 찐다는 말은
참말일까?

벌초

어릴 적
아버지는 나의 머리를 깎아 주셨다
작은 통나무에 앉아
보자기를 목에 두르고
석유로 기름칠한 녹슨 바리깡의
섬뜩한 기운을 느끼며
아버지가 정성을 들일수록
내 머리는 쥐어 뜯겼고
나는 비명도 없이
닭똥 같은 눈물을 흘려야 했다

초등학교 입학 후
아버지와 나는
산 너머 다른 동네로
이발하러 다녔고
이발비를 주면서도
나는 여전히 눈물을 흘려야 했다

그때가 생각나
오늘 아버지의 산소를 정성껏 깎았다

날카로운 예초기가
산소를 할퀼 때마다
아버지는 어떤 표정이실까

비가 와서 좋다

힘줄 불끈 솟은 팔뚝 위로
붉은 피가 삐질삐질 새어 나오듯
땀조차 말라버린 폭염의 뒷자락
토요일 아침부터 굵은 빗줄기가
지친 유리창을 깨운다

따갑게 내리쬐는 팔월 햇살처럼
쏟아지는 민원업무에 지친
사회초년생 우리 큰 딸
나른한 눈으로 창가를 바라보며
나지막한 목소리로
비가 와서 좋다

붓을 들고
화선지로 걸어가던 나도
비가 와서 좋다

붓놀이 · 1

검은 연못에 몸을 담글 때
오히려 내 마음은 희어졌다

흑과 백이 만나는 가장자리
그곳에 내가 있다

목줄에 끌려가듯
거친 흔적을 남기고
경련하듯 버티어 낸 두 다리에
힘이 빠지며 꺾인다

마침내 인생의 마침표
둥글고 큰 점으로 뭉칠 때

흑과 백이 만나는 가장자리
그곳에 내가 있다

북놀이 · 2

하얀
백로 한 마리
검은 연못에 빠져
몸을 뒤척이다
언덕에
몇 번 비빈 후
푸른 창공을 날아간다

파닥이는
날갯짓에
검은 점이 둥글게 맺혀나고
힘겨운
고갯짓에
검은 수평선이
나긋나긋 나타난다

검은 속내
떨쳐내려
좌로 날고 모로 날고
힘줄 불끈 그은 선에

검은 안개 피어난다

하늘
끝까지 올라갈까
마지막 남은
힘을 모아
긴 꼬리
끄을며 올라가다
광풍에
깃털 꺾여 뒤집히고
흰눈을
번득거리며 떨어진다

외마디
비명도 없이
거칠게 창공을 가르며
몸이 한번 크게 뒤집힌 후
"털썩"
지면을 뚫는다

사람을 찾으러 갈까

꼬리가 몇 개 달린
공룡의 입에서 알 수 없는 말들이
쏟아져 나온다
SNS, YOU-TUBE, TWIITER ...
벗어나려
열심히 손가락을 움직여 보지만
점점 빠져드는 정보의 늪
숨히 막히고 가슴이 답답하다
사람의 냄새가 사라진 사무실마다
가면을 쓴 공룡들이
흐느적 거리는 자들의 영혼을 취하고 있다

사람을 찾으러 갈까
맨발로 걸어도 보드라운 흙을 밟으며
아무리 어두워도
공룡의 눈보다 정겨운 반딧불을 바라보며
이마에 송글송글 땀이 맺혀도
영혼을 요구하지 않는 세상
도망치듯 들어선 대합실
수많은 사람의 영혼과 지폐를 먹어치운
공룡 앞에 숨이 멎는다

4부

추수 끝난 들녘에서

추수 끝난 들녘에서

지난 세월 무더위 참아내며
열병식에 지쳐 고개 숙인
누런 옷의 병정들이 사라진 자리

참새들이
갈색 천 위에 뒹구는 시간의 파편을
하나씩 주워 담고 있다

삶의 색깔은
시간에 따라
녹색에서 황색으로 갈색으로
자연이라는 캔버스에 칠하고

이제는 기억의 조각들을 줍다가
그것마저 새들에게 맡겨야 한다

물가의 백로가 노려보는 것은 무엇일까?
가족이 떠난 이 들녘에서
아직 주린 배를 채우지 못했나

머리 하얀 갈대가
매일 오가는 길을 따라 무심히 굴러가는
자전거 바퀴를 잡으려 손을 내민다

태풍만 바람인가

열대야에 지친
숨소리도 버거운 토요일 새벽
더위에 지친 아내가 창문을 연다
"숨 막혀 죽겠구만"
이불속에 파묻혔던
정신이 슬며시 고개를 드는 순간
한줄기 시원함이 얼굴을 스친다

어디 태풍만 바람인가
솔바람도 있고
실바람도 있고
잠결너머 나의 독백에
아내는
"그래도 숨 막혀 죽겠다구"

시간이 조금 지나면
느끼련만
여전히 우리는
태풍 같은 행복을 원한다

키재기

올망졸망
테라스 밑 작은 꽃동네

비가 갠 어느 봄날
빼꼼히 고개를 내민
나리와 백합

나이 먹은 햇볕이 따가운 여름
한잎 두잎
서로의 어깨에 잎사귀를 얹고
테라스 위로 고개 내민다

우리 집 수탉과 옆집 수탉은
연신 목청을 길게 뽑아
대결을 펼치고

요즘 이 동네에
이장을 뽑는 데나, 반장을 뽑는 데나
지나가는 바람에
테라스 위로 올라온 나리와 백합의
목이 무사할지 모르겠어

풀을 베다

어쩌다 경계를 넘보는 놈의 허리를
사정없이 베어 버렸다

세상사 경계가 있듯이
잡풀이 엉켜있는 뜰에도
경계는 있다

보지 말아야 할 경계가 있고
넘지 말아야 할 선도 있고
품지 말아야 할 뜻도 있다

좌나 우는 아닐지라도
울타리 근처에는
생각의 키가 두 배는 커 보인다

막히면 돌아가야 할 길
슬그머니 담을 넘다
예초기의 날카로운 음이 원을 그리고
높았던 이상은 힘없이 주저앉는다

흩어진 풀잎마다
진한 향기가 배어 나온다

고구마 반쪽

보릿고개 넘어가는
허기진 신작로
검정 고무신 손에 들고
돌부리에 채여 넘던 고갯길
도시락 책보는 엉덩이에 걸치고
국민학교 가는 길

길가
때갱이 밭에는 물기 하나 없고
목마른 눈빛으로
이슬 젖은 줄기 물고
올망졸망 고구마 형제들
황토 이불 덮고 누웠다

무엇이 들었을까?
빼꼼히 열어본 양은 도시락
익숙한 자세로 누워있는
고구마 반쪽
나머지 반쪽은
동생 도시락에 있겠지

구애(求愛)

사랑을 구하는
매미

칠 년 그리움
다 모아

창자가 튀어나와
흩어질 것 같은
저 간절한 울음

그땐 그런 줄 알았습니다

철없던 시절
뙤약볕에
하루 종일
밭에서 힘들게 일해도
어머니는 지치지 않는 줄 알았습니다

한겨울
새벽 일찍 일어나
아궁이에 불을 지피실 때도
어머니는 잠이 없는 줄 알았습니다

살얼음 덮힌
냇가에서
맨손으로 빨래를 해도
어머니는 손이 시리지 않은 줄 알았습니다

배부르다
생각 없다
식구들 다 먹이고
찬밥 한 덩이로

부뚜막에 앉아 점심을 때워도
그땐 그런 줄 알았습니다
자식들 속 썩이고
시집살이 심해도
끄떡없이 버티시던 어머니
어머니는 산처럼 강한 줄 알았습니다

세월이 흘러
이가 다 달아나고
허리 뒤틀려 온전한 모습 사라져 갈 때
이제야 알았습니다
어머니도 나와 같았다는 것을

길거리 홍보

지나는 차들의 좌 쏠림이 심한
회전 교차로
커다란 입을 벌리고 서 있는
트럭의 옆구리에
앵앵거리는 벌떼가 가득하다

방금 빠져나온
따끈한 현수막을 펼쳐든 두 사람
교차로를 향하여 손을 흔들어 댄다
현수막을 보라는 건지
손을 보라는 건지
손을 보다 현수막을 보려 하니
둘둘 말린 현수막엔
무슨 말이 쓰였을까

돌아서는 발걸음
궁금증이 벌떼처럼
생각을 가득 채운다.

나이

제야의 종소리
파장처럼
겹겹이 쌓이는 나이테

눈치에 무뎌지고
비판을 외면하고
정의에 고개를 돌리는
염치없는
옹고집쟁이

보이지 않고
소리도 없지만
온몸으로 느낄 수 있는
먼지보다 가벼우나
깨닫고 보면
천근의 무거움으로
변한 숫자

낙지

노르망디 해안
찰진 갯벌 아늑한 저택
꿈을 싣고 밀려오는 물결너머
머드팩 사이 두 눈이 예쁘다

형광등 눈부신 수족관
날씬한 다리는 장애가 되고
뜰채를 피하느라 부딪친 머리는
멍이 들었다
낯선 사람들이 들여다보는 수족관에
빨판을 힘껏 밀착시켜 보지만
이내 억센 손에 이끌려
허공을 휘젓는다

술 취한 사내의 억센 손에
허리를 잡혀
온 몸은 희롱당하고
붉은 립스틱을 온 몸에 바른 채
역겨운 입술에 매달려 애원해도
하나씩 잘려 나가는 다리는

파르르 떤다

탕! 탕! 탕!
전쟁터처럼 잘려나간 팔다리
꿈꾸었던 물결 따라
노르망디 해안을 향하는 몸부림
볏짚에 감겨 오색 한복을 입고 누워
어릴 적 꿈을 꾸는가?

다시 풀처럼

넘어지지 않으려
애쓰지 말고
넘어진 후
다시 일어나자

바람이 불면 눕고
다시
일어나는 풀처럼

내가 가는 곳이 길이다

언제부터
시원한 고속도로를 달렸던가?

흙먼지 자욱하고
돌멩이 나뒹구는
산기슭 안고 도는
그런 길 아니었나

애초부터 인생에
고속도로는 없었다
내가 가는 곳이 길이 되었다

가출

그가 사라졌다
다섯 여자를 남겨두고
빼꼼히 열린 문틈을 지나
눈 내린 들판을 걸어
허허롭게 사라졌다

솜털 같은 눈 속에
발자국을 감춘 채
수은주 숫자가 튀어나올 것 같은
하룻밤을 지새우고
산으로 이어진 비탈에 초연히 나타났다

무슨 연유인지
가끔 하늘을 쳐다보며
집으로 돌아오라는 외침에
애써 외면하며
산으로 도망간다

하루 뒤
아랫집 두엄 위에 나타난 그는

어설없는 미소를 지으며
목청껏 외쳤던 호기로운 노래도 잊은 채
눈치만 살핀다
이제 포기다
자유롭게 살도록 놔두자

다음날
흙 묻은 외투를 꼬깃하게 걸치고
다섯 여자가 관심을 거둔 집 근처를
서성이고 있다
문을 열어주자
못 이긴 척 발을 들여놓는다
사흘 만에 끝난 백봉이*의 자유
무관심이 약이다

* 백봉이 : 학고재에서 기르는 백봉오골계

뻐꾸기

산새들과 시냇물의 합창으로
아침을 깨우는 소백산 자락
아침 햇살 손잡고
싱그러운 바람이 계곡을
천천히 오른다

아침 일찍 일어난
뻐꾸기가
몰래 위탁한 새끼의 둥지를 찾아
계속 신호를 보낸다

法口 法口 法 法口

그 소리를 가만히 듣고 있노라니
정신을 깨운다

言行一致

말에도 법이 있어야 한다는
새끼를 향한 외침이
애처롭다

빈둥지

몸통은 떠나고
깃털만 남았다

두려움도 오고
고요함도 오고
모두 다녀갔다

외로운 낙엽 하나
늦가을 바람따라 들어와
노을을 보며 자리를 잡았다

선택, 그 후

아쉬움과 서운함은
일란성 쌍둥이다

산고의 진통 끝에
옥동자를 낳았건만

못 이겨 이내 마음은
놓친 고기 찾는다

속이 편하다

위통을 경험한 후에야
속 편함을 안다

고기 한 점 욕심이
위에 생채기를 남기고
온몸이 불편하다
비우고 굶은 후에야
비로소
속이 편하다.

돌부리에 걸려 넘어진 후에야
걸음마가 왜 필요한지
알 것 같다
바보 같은 놈

쓰면 써진다

어느 서예가의 독백처럼
세상사 모든 일이 그렇다
새털처럼 가벼운 붓과의 씨름이
수년이 지나도
태산처럼 버겁다

쓰면 써진다는 평범한 진리가
가슴에 다가오는데
반백 년이 걸렸다

인생의 굽이를 돌아오는 동안
할머니의 말씀이
하늘과 땅과 인간을 아우르는
진리였다는 사실이
묵향을 칠한 화선지에 홀로 서서
수천 번의 회칠한 바람을 맞고 나서야
비로소 깨닫게 되었다

만복사지

青史의 넓은 들판
뒹구는 역사흔적
老僧은 어딜가고
돌부처만 외로워라
夕陽에 幢竿支柱만
손 놓고 외면하네

남원뜰 가득 채운
흰 옷의 함성처럼
유유히 흘러가는
섬진강 물줄기는
歷史를 이어가야 할
우리의 使命일세

春蘭

春雪飛紛谷
青葉不變色
蘭香滿書室
喜樂起我目

|해설|

기독교적 세계관의 발현과 자연과 인간에 대한 연민

– 김경남 시집 『무화과나무 아래 있을 때』

강 경 호
(시인, 한국문인협회 평론분과회장)

1.

예술은 인간의 보편적인 가치를 지향한다. 근대 이후 이 보편적 가치는 변하지 않은 절대적인 것으로, 인간의 삶을 견인하는 힘으로 작용하고 있다. 보다 나은 세계, 보다 인간적인 삶, 불화와 갈등이 없는 정의로움이 살아있는 세계가 그것들이다. 그러나 이러한 가치들이 흔들리고 있는 것이 현실이다. 그것은 인간의 탐욕에서 비롯된다. 그러므로 특히 예술가들은 우리 사회의 모순과 부조리를 극복하고자 하고, 내적으로는 성찰을 바탕으로 성숙한 인간을 지향한다. 시적(詩的) 영역에서도 마찬가지이다. 시인 자신의 삶을 바탕으로 언어를 통해 자신이 추구하는 세계를 향해 끊임없이 앞으로 나아간다. 이때 언어는 진정성이 있어야 하고 시의 형식에 알맞아야 한다.

김경남 시인의 시는 기독신앙이라는 세계관 안에서 기독교가 지향하는 숭고한 정신을 닮고자 하며, 기독교적 관념을 성취하고자 한다. 주지하다시피 기독교는 인간이 추구하는 보편적 가치를 실현하고자 한다. 인간의 죄를 대신 짊어지고 십자가에 오른 희생과 헌신을 예배하고 복음을 실천하고자 하는 시인의 목소리가 때로는 찬양하고, 때로는 회개하고, 때로는 죄를 고백한다. 이러한 김경남 시인의 또 다른 시적 경향은 자연을 통해 인간의 삶을 노래한다. 시인의 노래는 자연을 현상적으로 보이는 그대로를 노래하는 것이 아니라, 자연이라는 기표(基表) 안에 내재한 시적 기의(基意)의 의미를 읽어낸다. 생의 의미와 실존의 비의를 다양한 모습으로 포착하여 형상화한다.

김경남 시인의 시적 세계의 또 다른 일면은 유년의 추억을 불러내어 보릿고개 시절을 회상하기도 하고 어머니와 아버지의 기억을 아름답게 떠올리며 가난하지만 아름다웠다는 의미로 해석한다. 뿐만 아니라 아내의 정겨운 잔소리마저 사랑스럽게 담아내기도 한다. 이와 더불어 의료과학의 발달로 수명이 늘어난 이른바 백세시대에 노년을 사는 어르신들의 삶을 통해 생의 비의를 묘파한다.

이러한 김경남 시인의 시는 쉬운 언어로 직조되어 있다. 그렇다고 그의 시가 결코 가벼운 것은 아니다. 자연을 의인화시키며 인격을 부여하는 언어를 부리는 능력이 절차탁마의 오랜 시간을 거쳐 단련된 것임을 확인할 수 있고,

때로는 아주 짧은 언술을 통해 놀라운 시적 능력을 보여준다.

2.

서정시는 현실을 반영한다는 말처럼, 시인 각자가 체험하거나 간접 체험한 것들을 시라는 언어예술을 통해 형상화한다. 시인 자신이 체험하지 않았어도 시인이 살아가는 당대 현실의 제문제를 살핀다. 그러므로 서정시는 시인의 삶이 시적 소재가 될 수 있고, 동시대를 살아가는 사람들의 문제를 내포할 수밖에 없다. 김경남 시인의 시의 한 축인 기독교적 세계관의 발현은 그의 삶을 이끌어가는 기독신앙이라는 커다란 카테고리 안에서의 정서적, 또는 심미적 요인들이 시적 대상으로 나타난다. 이번 시집에서 기독교적 관념을 형상화한 작품들을 시집 가장 앞에 배치한 것으로 보아 김경남 시인이 자신의 삶 속에서 가장 큰 삶의 요소가 기독신앙이며 그가 살아가는데 중심 요소로 작동하고 있음을 짐작할 수 있다. 기독교적 세계관을 노래한 작품이 아니어도 대부분의 시가 '하나님'이라는 절대적인 존재의 그늘 속에 놓여있음을 전제하고 있다고 해도 과언이 아니다. 이렇듯 그에게 기독 신앙은 시인의 삶을 이끌어가는 원동력으로 작용하고 있다.

기독교적 세계관을 형상화한 김경남 시인의 시는 성서를 바탕으로 한 작품들이 두드러진다. 「골고다 언덕길」에서 '골고다'는 '해골'을 의미한다. 당시의 사형장으로 '골고다'를 그 장소성으로 유추해본다. 로마 시대는 최고 형벌이 십자가형이었다. 십자가에 못 박아 죽이는 끔찍한 이 형벌 제도는 '예수'의 사형집행으로 인하여 문학적으로나 대중적 이미지의 은유로 '신성한 죽음', '성스러운 죽음', '인간의 죄를 대신하여 죽은 예수의 희생'을 상징하게 되었다. 그러므로 "십자가의 무게는/ 거부할 수 없는 아우성"이라고 할 수 있었을 것으로 보인다.

「수가성 우물가에서」는 요한복음 4장의 일화를 배경으로 하고 있다. 예수께서 '수가마을'에 이르러 피곤하여 우물에서 사마리아 여인에게 물 달라고 하시자 사마리아 여인이 "나에게 어찌 물을 달라합니까"하고 묻자, "네가 만일 하나님의 선물과 또 네게 물 좀 달라하는 이가 누구인줄 알았더라면 네가 그에게 구하였을 것이요, 그가 생수를 네게 주었으리라" 말한다. 상종하지 않는 유대인과 사마리아인과의 관계를 모두 한 형제처럼 인식하는 것이다. 우물에서 "이 물을 마시는 자마다 다시 목마르려니와 내가 주는 물을 마시는 자는 영원히 목마르지 아니하리니 내가 주는 물은 그 속에서 영생하도록 솟아나는 샘물이 되리라"하고 한갓 우물의 물을 생명의 물로 변화시키는 놀라운 기적을 행하신다. 이러한 배경의 「수가성 우물가에서」는 "나를 보았습니다/ 목이 말라/ 온 샘물을 다 마셔도/ 채워지지 않을/ 갈증을 보았"다며 인간의 탐욕과 더불어 수가성 우물가에서 만난 "영혼을 살리는/ 영생의 물"을 환기함으로 하여 예수님의 인간에 대한 사랑을 깨닫게 하고 있다.

마태복음 26장은 「베드로처럼」의 배경이 되어준다. 유월절과 무교절을 맞아 대제사장들과 서기관들이 예수님을 흉계로 잡아 죽일 방도를 꾸밀 때, "오늘 이 밤 닭이 두 번 울기 전에 네가 세 번 나를 부인하리라"하자 베드로는 "내가 주와 함께 죽을지언정 주를 부인하지 않겠나이다" 말한다. 그러나 베드로는 예수님과 함께하지 않았다고 부인하고, 여종이 "이 사람이 그 도당이다"는 말에 또다시 부인한다. 또다시 곁에 있는 사람에게 "너도 갈릴리 사람이니 참으로 그 도당이다"고 했지만 끝내 베드로는 부인한다. 자신의 목숨을 부지하기 위해 예수님을 부인한 베드로의 이러한 행동에 빗대어 시인 자신이 "황급히 손을 내저은 베드로처럼/ 세상을 향해 휘저은/ 부끄러운 나의 손"이라고 회개하는 모습을 보여주고 있다.

살펴보았듯이 김경남의 시는 성경을 배경으로 하여 시인의 반성과 성찰의 메시지를 담아내는 특징을 보여준다. 다음의 「무화과나무 아래 있을 때 · 1」도 같은 맥락으로 읽힌다.

> 무화과나무 아래 있을 때
> 그가 나를 찾아 왔다
>
> 무심한 나를 바라보며
> 사랑한다 뜬금없는 고백에
> 나는 일어섰다

내어민 손에 이끌려
살아온 반백 년

그의 등에 업혀
세찬 강물을 건너고
돌부리에 걸려 넘어지고
눈보라를 맞아도
우리는 서로 안에 있었다.

그가 내 안에
내가 그 안에
우린 말하지 않아도
이미 하나였다

-「무화과나무 아래 있을 때 · 1」 전문

주지하다시피 유대인들이 살았던 지역에는 무화과나무가 많다. 더불어 무화과나무는 성경에 자주 출현한다. 신약에는 예수님이 무화과를 말렸다는 이야기도 있고, 아담과 하와가 따먹은 것이 무화과라고도 한다. 그리고 부끄러움을 알게 되어 무화과나무 잎으로 부끄러운 곳을 가리는 대목도 있다. 특히 무화과나무 아래에 아담이 숨어 있을 때 하나님의 부르심을 듣기도 한다. 이러한 배경에서 쓴 이 작품은, 성경의 이야기를 그대로 재현하기보다는 성경 말씀을 통해 시적 화자의 삶을 대입시키고 있다. 이러한 시적 발화와 전개는 김경남 시인의 시적 특징이다. 선악과를 먹은 아담은 자신의 몸을 무화과나무 잎으로 부끄러움을 감춘다. 여기에서의 부끄러움은 금단의 열매인 선악과를 따먹은 죄의식과 이로 인한 부끄러움이 발현함으로써, 오늘 인류가 죄의식과 부끄러움을 알게 했다는 측면에서 매우 의미 있게 바라보게 한다. 그런데 "무화과나무 아래 있을 때/ 그가 나를 찾아왔다"는 아담이 죄의식에 부끄럼을 알아버렸듯이 시적 자아도 죄의식에 무화과나무 아래에 있을 때 아담이 그랬던 것처럼 "그가 나를 찾아왔다"라고 고백한다. 그런데 '그'로 지칭되는 하나님의 "사랑한다"는 뜬금없는 고백에 "나는 일어섰다" 이러한 진술은 시적 화자가 하나님을 영접하고 하나님을 믿게 된 과정으로 볼 수 있다. "내어민 손에 이끌려/ 살아온 반백 년"은 하나님을 믿게 된 것이 반백 년이라는 것을 말해준다. 반백 년 동안 시적 자아는 "그의 등에 업혀/ 세찬 강물을 건너고/ 돌부리에 걸려 넘어지고/ 눈보라를 맞아도/ 우리는 서로 내 안에 있었다."며 시적 자아의 신앙적 신실함을 말해준다. 그렇기 때문에 "그가 내 안에/ 내가 그 안에/ 우린 말하지 않아도/ 이미 하나였"음을 여실히 말해준다.

그러나 인간의 삶은 늘 녹록하지 않다. 「강을 건너다」는 모세가 홍해를 건넌 것과 여호수아가 요단강을 건너 안식의 땅으로 들어간 것 등에서 볼 수 있듯이 성경에서 유토피아, 즉 젖과 꿀이 흐르는 땅인 가나안을 향하는 과정에서 만나는 '강'이라는 시련을 극복해야 가능함을 말해준다.

한 줄 허공에 달린
다리를 지나
오늘도 강을 건넌다

이 위태로운 다리에
의지하지 않으면
유유히 흐르는
저 강을 건널 수 없다.

모세는
지팡이를 들고 홍해를 건넜고
여호수아는
언약궤를 메고 요단강을 건너
안식의 땅으로 들어갔다

길을 가다보면
앞을 막아서는 것이
어찌 이 강뿐이겠는가?
수많은 강이
흐르고 있다

-「강을 건너다」 중에서

이 작품에서 '강'은 함부로 건널 수 없는 장애물이다. 다시 말해 시련이 따르기 마련이고 성경에서처럼 유대민족을 악에서 구출하는 것처럼 하나님의 계시가 없으면 이루어지기 힘든 일이다. 오늘을 살아가는 시적 자아인 김경남 시인에게도 '강'으로 상징되는 '시련'은 늘 하나님의 시험

이 아닐 수 없다. 그러므로 시적 화자는 "한 줄 허공에 달린/ 다리를 지나/ 오늘도 강을 건넌다"고 진술한다. 이때 '다리'는 강을 건널 수 있는 유일한 수단이다. 지팡이로 홍해를 가르는 모세의 지팡이 같은 것으로 동일시할 수 있다. 그런데 "이 위태로운 다리에/ 의지하지 않으면/ 유유히 흐르는/ 저 강을 건널 수 없"는 것이다. 앞에서 밝혔듯이 모세의 지팡이, 여호수아의 언약궤는 모세와 여호수아의 하나님을 의지하는 절대적인 신념의 바탕이 되었듯이 시적 자아에게도 이러한 신념이 없으면 건널 수 없는 것이 인간의 삶에서 만나는 '강'이다. 이 작품 또한 성경 말씀으로 시인의 삶을 이끌어가고 있음을 알 수 있다. 성경이 시 작품을 전개하는 하나의 바탕으로 작용하고 있지만, 그렇다고 성경의 어떤 부문을 재현하는 것이 시인의 시적 전략이 아니다. 인간의 삶에서 만나는 시련을 극복하고자 하는 시적 자아의 노력을 보여주고자 함이다. 그런 까닭에 '강'으로 표상되는 시련이 "길을 가다 보면/ 앞을 막아서"고 있는데, 또 다른 "수많은/ 흐르고 있다"고 하는 것이다. 그러므로 '가나안' 또는 '유토피아'를 향하는 인간의 노력은 끊임없이 지속되어야 함을 강조하고 있다.

이 밖에도 기독교적 세계관을 펼치고 있는 김경남 시인의 작품으로는 「때로는 죽음도 기쁨이다」가 있다. 이 작품은 우리의 일상에서 흔히 만나는 김장을 소재로 형상화한 작품인데, 배추에 소금이 뿌려지고, 양념장이 버무려지는 현상들을 죽음으로 인식하면서도 "나로 인해 온 겨울이 즐거운 사람들"이라는 메시지를 던지고 있다. 누군가의 희생이, 그저 죽음이 아니라 기쁨이 될 수 있다는 메시지이다.

「나그네」에서는 날씨가 덥다고 탓하고, 춥다고 불평하는 사람들이 있지만, 이러한 외적 상황은 천국에 가는 데 아무런 장애가 되지 않는다고 한다. 그리고 등에 진 보따리가 작을수록 좋고, 근심 걱정을 지고 가면 그 무게를 어찌 견디려고 하는가라는 질문을 통해 가난할수록 천국 문에 이르는 일이 용이함을 설파하고 있다. 시적 화자가 이렇게 말하는 것은 수십 년 광야길에서 온갖 시련을 겪은 나그네에게 "생채기 난 영혼을 위로하고/ 상처 난 발을 씻겨주실/ 주님이 계시기에/ 우리 기쁘지 아니한가"에 귀결될 수 있기 때문이다.

살펴보았듯이 김경남 시인의 기독교적 세계관을 보여주는 이른바 신앙시들은 하나님에 대한 믿음과 신실한 신앙이 생을 견인할 때 구원에 이를 수 있다는 메시지를 던지고 있는 것이다.

3.

'자연'은 화수분처럼 상상력과 창조적 에너지를 제공한다. 인간이 시를 써온 오랜 역사 속에서 자연은 불변의 존재로 의미화되고, 생명성의 상징적 존재로 인식해왔다. 그러므로 아리스토텔레스는 그의 『시학』에서 "시는 자연을 모방한다"고 일찍이 말했다. 우리 선조들도 늘 자연 친화적인 삶을 살며 자연에 대한 경외심을 거두지 않고 숭배의 대상으로 삼은 것이 적지 않다. 이러한 역사는 오늘에도 이어져 수많은 시인이 자연을 노래하고 있다. 그저 자연 예찬에 머물지 않고 자연을 시적 대상으로 삼아 인간의 실존을 깊이 묘파하였다. 그러나 인간 중심적인 근대에 이르러 자연을 물질적 대상으로 여기면서 인간과 자연은 불화하기 시작하였다. 탐욕스러운 인간의 욕망 때문에 자연환경은 파괴되고 위기에 처해있는 실정이다. 그러나 시인들은 여전히 자연을 경외심으로 바라보며 자연을 통해 실존과 생명에 대한 근원적인 질문을 던지고 있다.

김경남 시인의 자연을 노래한 시편들은 자연 그대로의 모습을 형상화하기보다는 자연이 지닌 생태적인 현상을 시인 자신의 삶 속으로 대입시켜 자연에 동화되는 모습을 보여준다. 그리고 신비로운 자연현상에 비추어 시인의 모습을 바라보기도 한다.

「연못을 만들다」에서는 마당 한켠에 만든 연못에 하늘이 비친 모습을 "하늘이 들어와 앉았다"고 하고, 지친 새가 연못에 비친 뭉게구름을 "솜사탕처럼 먹"었다고 비유하는 것에서 자연을 바라보는 시인의 동심(童心)을 읽을 수 있다. 김경남 시인의 자연을 노래한 시편에서 특히 눈에 띄는 것은 자연을 의인화하는 대목이다. 주지하다시피 의인법은 사람이 아닌 사물에게 생명성과 더불어 인격을 부여한다는 측면에서 자연과 인간의 조화로운 상생을 기대할 수 있다. 「홍련화」에서의 붉은 연꽃은 화선지에 그린 그림이기는 하지만, "펼치지 못한 손바닥", "하늘 향한 몸부림"

에서 생명성을 노래하면서도 "흙탕물 속에 있어도" "세속에 물들지 않고/ 솟아오른다"며 세속에 물들지 않는 순결함을 묘파하고 있다.

「흰동백」은 하얀 동백꽃의 개화로 인해 "새로운 세상이 열렸다"고 말하며 그저 단순히 꽃피움의 현상을 넘어 동백꽃이 지닌 의미를 상상력을 통해 새롭게 구현하고 있다. 그리고 곁에 피어있는 하얀 동백꽃을 '새'로 인식하며 "서로 화답하며 노래한다"고 한다.

이러한 맥락을 같이하는 「눈밭을 가다」는 눈이 내리고 세상이 하얀 눈으로 덮인 날 누군가 눈 위에 발자국을 내며 걸어간 뒤 그 발자국을 따라 걷는 화자는 마치 자신의 발자국이 "순결한 세상에/ 티끌을 묻혀 놓"은 것 같아 "에구 미안하다"고 한다. 자연을 순결하고 신성한 대상으로 바라보는 시인의 시선이 느껴지는 대목이다.

한편, 자연을 바라보는 시인의 놀라운 상상력을 통해 자연을 경이로운 존재로 만들어버리기도 한다. 이러한 김경남 시인의 시적 개성은 그가 관념을 깨고 사물을 새롭게 보려는 노력의 대가이다. 그것을 현현시킨 것이 「낙조」이다. 알다시피 '낙조'는 석양에 해가 서쪽 하늘 아래로 미끄러지는 현상이다. 지는 해는 장엄하다. 그런데 "불에 달군/ 꿀떡/ 삼킨 바다"라고 동심의 눈으로 바라봄으로 해서 장엄하고 경건한 낙조의 이미지를 부수어버린다. 그리고 "놀라 뛰어나온/ 두어 개 섬도 붉게 탄다"며 역동적 감각으로 섬을 이미지화한다. 이러한 시인의 발상은 화석화된 사물에 대한 관념을 철저하게 파괴함으로써 참신한 이미지를 만들어낸다.

이렇듯 자연을 바라보는 김경남 시인의 풋풋한 상상력은 자연을 통해 꿈과 희망을 노래하기도 한다.

> 겨우내 말라버린 갈대숲
> 앙상한 손을 휘저어
> 연신 무엇을 가리키고 있다
>
> 입춘이 지난 창밖 햇빛은
> 봄나물 고개 내밀듯 다가오지만
> 건물을 한 바퀴 휘돌고 가는 바람은
> 소리만 들어도 허리를 꺾이게 한다
>
> 월출산 꼭대기로 옮겨간
> 눈보라와 세찬 바람에
> 몸은 누렇게 말랐어도
> 아직
> 심장은 살아
> 허공에다 무얼 외치려 하는가?
>
> -「갈대숲」 중에서

보다 내밀한 시를 쓰기 위해서는 보이는 현상에 집착해서는 안 된다. 현상이나 사물 너머 보이지 않은 곳에 있는 어떤 진실을 볼 줄 알아야 한다. 이때 진실이라는 것은 시인의 삶에서 얻은 총체성의 결과로 새로운 발견은 시인의 개성에 따라 이루어진다. 이 작품에서 시적 대상인 '갈대숲'은 푸르른 날을 지낸 후 "겨우내 말라버린 갈대숲"이다. 그런데 "앙상한 손을 휘저어/ 연신 무엇을 가리키고 있다" 물리적 현상으로 이해하면 마른 갈대숲이 바람에 흔들리는 모습이지만, 시적 화자는 그 이상의 무엇을 바라보고 있다. "입춘이 지난" 때이지만 아직 쌀쌀한 날씨이다. 그렇지만 새로운 생명이 움트는 그런 때여서 "창밖 햇빛은/ 봄나물 고개 내밀 듯 다가오"고 있다. 막바지 "월출산 꼭대기로 옮겨간/ 눈보라와 세찬 바람에도/ 몸은 누렇게 말랐어도/ 아직/ 심장은 살아" 있다. 그러므로 갈대숲은 "허공에다 무얼 외치려 하는" 것이다.

이 작품 속의 갈대숲은 앞에서 밝혔듯이 한 생애를 보낸 마른, 즉 죽은 생명의 껍데기일 뿐이다. 사람으로 말하자면 은발의 노인이라고 비유하면 될 것 같다. 이처럼 "흰머리/ 윤기 없는 옷자락"이어서 "참새도 살지 않지만/ 강풍에 마음 모아/ 같은 방향으로 손짓하며/ 푸르게 솟아오를/ 꿈을 찾는다" 겉으로 보기에는 마른 갈대숲이어서 생명이 움틀 수 없는 것처럼 보이지만 추운 겨울 동안 자신의 몸으로 땅속에 박힌 생명을 지키고자 바람 속에서도 견뎌낸 것이다. 희망을 지키고, 꿈을 살리고자 하는 강인한 생명력을 이 작품은 말해주고 있다.

「그늘에 앉아」는 조화를 이루며 상생하는 자연의 모습을 그린 작품이다.

그늘에 앉으니
잔디 사이로 빼꼼히
토끼풀이 인사한다

솔숲사이로 불어오는
시원한 바람은
삶의 고단함으로 뭉친
굵은 땀방울을
닦아주고

인생의 꿈은
하늘 높이 솟은 소나무 마냥 높았는데
현실은
길가 돌 틈에 고개를 내민
민들레처럼 위태롭다

올망졸망 키 작은 풀들은
키 큰 나무들 사이로 비추는
햇빛을 나누어 가지고
몇 평 안 되는 좁은 공간에도
서로 자리를 내어주며
조화롭게 앉아
서로 마주보며 웃는다

화려하거나
때론 소박하거나
저마다 모습을 드러내지만

모두 은혜 안에 있다.

-「그늘에 앉아」 전문

이 작품 역시 의인화법을 통해 자연과 인간의 간극을 없애고 있다. 이렇듯 의인화법을 잘 구사하는 김경남 시인의 시작 태도는 오늘날 전 지구적 위기인 생태환경 문제를 풀어갈 수 있는 문학적 대응 방식으로 매우 적합하다. 더운 날이었을 것이다. 그러므로 시적 화자는 "그늘에 앉"는다. 그러자 "잔디 사이로 빼꼼히/ 토끼풀이 인사한다" 토끼풀과 인사를 나누는 사이란 현실적으로 불가능하다. 그렇지만 시인의 상상력은 그것을 가능하게 해준다. 시가 지닌 마술이라고 할 수 있다. "솔숲 사이로 불어오는/ 시원한 바람은" "굵은 땀방울을 닦아"준다. 화자는 "하늘 높이 솟은 소나무마냥" 인생의 꿈이 높았는데 현실에서는 "길가 돌 틈에 고개를 내민/ 민들레처럼 위태롭다." 이것은 현실을 직시했을 때 바라보는 모습이다. 그러나 자연의 세계에서는 "올망졸망 키 작은 풀들은/ 키 큰 나무들 사이로 비추는/ 햇빛을 나누어 가지고/ 몇 평 안 되는 좁은 공간에도/ 서로 자리를 내어주며" 조화롭게 살아간다. 그런 까닭에 "서로 마주 보며 웃"을 수 있는 것이다. 그런데 여기서 주목할 것은 이러한 상생과 조화로운 자연의 질서는 모두가 하나님의 "은혜 안에 있다"는 인식이다. 그렇다면 김경남 시인의 시는 우주 만물을 주관하는 하나님의 섭리에서 이루어진다는 기독교적인 세계관에서 상상력을 발현하고

쓰인다고 볼 수 있다.

「호박꽃이 예쁘다」에서 "울타리 꼭대기는/ 나풀거리는 나팔꽃에 내어주고/ 무릎 앞에는/ 하늘거리는 키 큰 코스모스를 앉혀주고/ 뽐내거나 교만하지 않"는 태도와 「석양」에서 "친구와 종일 놀다 지쳐/ 집으로 가는 해님", "친구와 종일 놀다 지쳐/ 집으로 가는 참새 한 마리"의 순수한 모습조차 하나님의 섭리 안에서 이루어지고 있는 것으로 이해할 수 있다.

4.

김경남의 시적 경향에서 놓칠 수 없는 부분은 유년의 추억과 가족애, 그리고 주변에서 만나는 노인들의 삶을 그린 작품들이 지닌 가볍지 않은 시적 무게이다. 주지하다시피 서정시의 본질을 말할 때 꼭 살펴볼 것은 세속적 욕망으로부터 자유로운, 그래서 아직 순수성을 간직한 유년의 시간이 몹시 소중함이다. 시인에게는 궁핍한 시간적 공간이지만 이 공간성이 지닌 의미는 '서정시를 왜 쓰는가?'라는 질문에 대한 대답을 구할 수 있는 것이기 때문이다. 이미 지나간 오래된 세월 너머 시인의 기억 속에 남아있을 뿐이지만, 그래서 오늘은 만날 수 없는 그리움과 회억의 시공간이지만, 유년이라는 시간이 가난하거나, 슬펐다 하더라도 '시간'이라는 물리적 현상은 참으로 마법 같은 것이어서 아름답게 치환하는 힘을 지녔다.

「분꽃」에서 "분꽃이 피는 날/ 어머니는 저녁을 지으신다"고 한다. 그러므로 이 작품에서 분꽃은 '아름다운 꽃'으로서의 사물이 아니라, 세월이 많이 지난 오늘에 와서 어머니를 기억하게 하는 하나의 지표(指標) 역할을 한다. 분꽃은 '수줍은 꽃'이기도 하지만 '가난이 부끄러운 꽃'이기도 하다. 그렇기 때문에 '분꽃'을 떠올리면 "보리쌀 한 줌 집어/ 절구통에 넣고/ 한숨이 부서질 때까지 찧"었던 일이 생각나고, 밤이 되면 "어머니는/ 분꽃 향기에 취해 잠이" 들었다. 이 작품에서는 구체적으로 드러내지 않았지만, 어머니는 틀림없이 굶으셨을 것 같다. 가난하지만 뜨거운 어머니의 사랑이 연상되는 분꽃은 '사랑'과 '희생'의 기표(基表)로 작용하는 것이다.

아버지와의 추억이 깃든 「벌초」 역시 따스한 아버지의 인정이 느껴지는 작품이다. 유년에 "아버지는 나의 머리를 깎아 주셨다". 그 시대를 지나온 사람들에게는 까마득한 옛 추억이지만, "보자기를 목에 두르고/ 석유로 기름칠한 녹슨 바리캉의/ 섬뜩한 기운을 느끼며" 머리가 쥐어뜯기면서도 아무 소리도 하지 못하고 참고 눈물을 흘린 이야기는 궁핍한 시대의 풍속화처럼 흑백으로 떠오른다. 그 옛날 아버지가 시적 화자의 머리를 이발시켜주었지만, 오늘은 아버지의 산소에 가 벌초한다. 시간의 간극을 넘어 훈훈한 정이 느껴진다.

이렇듯 어머니의 뜨거운 손길과 마음이 전해지는 시편들은 유년을 생각하면 정겹게 다가온다. 다음의 「그땐 그런 줄 알았습니다」는 어머니의 사랑과 헌신을 오늘의 시선으로 바라보며 회억하고 있다.

철없던 시절
뙤약볕에
하루 종일
밭에서 힘들게 일해도
어머니는 지치지 않는 줄 알았습니다

한겨울
새벽 일찍 일어나
아궁이에 불을 지피실 때도
어머니는 잠이 없는 줄 알았습니다

살얼음 덮힌
냇가에서
맨손으로 빨래를 해도
어머니는 손이 시리지 않은 줄 알았습니다

… 중략 …

세월이 흘러
이가 다 달아나고
허리 뒤틀려 온전한 모습 사라져 갈 때
이제야 알았습니다
어머니도 나와 같았다는 것을

-「그땐 그런 줄 알았습니다」 중에서

우리말에 "부모가 되어봐야 부모의 마음을 알 수 있다"는 말이 있다. 어린 시절에는 "어머니는 잠이 없는 줄 알"았고, "어머니는 손이 시리지 않은 줄 알았다". 뿐만 아니라 "어머니는 산처럼 강한 줄 알았"다. 그러나 부모가 되어 자식을 키워봄으로써 어머니의 사랑과 헌신을 이해하게 된다. 김경남 시인 역시 마찬가지이다. 이러한 경험을 통해 쓰게 된 이 작품은 시인의 간절함이 배어있기 때문에 공감대가 클 수밖에 없다.

시적 화자가 어렸던 유년에 어머니는 "하루종일/ 밭에서 힘들게 일해도" 지치는 줄 몰랐다. "한겨울/ 새벽 일찍 일어나/ 아궁이에 불을 지피실 때도" 잠이 없는 줄 알았다. 겨울 "냇가에서/ 맨손으로 빨래를 해도" 손이 시릴 것이라는 생각조차 해보지 못했다. 그리고 밥을 안 먹어도 사는 그런 존재로 인식하였다. 이러한 의식의 기저에는 어머니는 늘 베푸는 사람이었기 때문이며, 철없는 화자는 그것을 당연한 것으로 받아들였다. 그러나 어머니는 힘들게 일하면 지치고, 새벽에 일찍 일어나면 잠에 시달리기도 한다. 겨울 차디찬 냇가에서 빨래하면 손이 시린 것은 누구나 마찬가지이다. 그리고 가족을 위해 굶주릴 때면 허기지는 연약한 여성이다. 그럼에도 불구하고 어머니는 자식과 가족을 위해 자신의 모든 것을 희생하고 헌신하는 존재이다. 그 밑바탕에는 '지극한 사랑'이 전제된다. 이때의 어머니는 여성이 아니라, 숭고하고, 신성하고, 사랑이 넘치는, 이 세상 가장 큰 이름이 된다.

이렇듯 헌신적인 어머니도 세월이 지나 "이가 다 달아나고/ 허리 뒤틀려 온전한 모습 사라져"가는 사람일 뿐이다. 그러므로 이것을 깨달은 화자는 '이제야 알았습니다'라고 고백하기에 이른다. "어머니도 나와 같았다는 것을".

이 작품의 사연은 우리가 다 아는 이야기이지만, 여전히 아프게 다가오는 것은 '어머니'라는 존재가 갖는 무게감이 너무나 크고 무겁기 때문이다.

아내 또한 여성이다. 그러나 '어머니'라는 존재로서의 여성성과 '아내'로서의 여성성은 그 결이 다르다. 어머니는 나를 낳아 길러준 존재이지만, 아내는 함께 살아가는 동반자이기 때문이다. 같은 방향을 바라보며 길을 가는 도반으로서의 바탕이 전제된다는 측면에서 연민과 사랑과 인정어린 존재이다. 그러므로 「아내의 불호령」에서 "먹빛 하늘에/ 순간 꼬리를 감추는 번개처럼/ 천둥소리를 예감하며/ 귀를 움츠"리게도 하지만, "나이가 들수록/ 아내의 목소리는/ 더욱 정겨워"진다고 말하기에 이른다.

한편, 시인의 최근 관심사는 세월이 흐르면서 어르신들의 삶에 눈길이 머문다. 「시방 어디가요?」에서 젊은 시절 부녀회장을 할 정도로 똑똑했는데, 기억력이 자꾸 흐려지는 것에 대한 무정한 세월과 노인의 슬픔을 형상화한다. 「참깨 한 되」도 같은 맥락으로 이해되는 작품이다. 치매에 걸린 할머니일까? 깨 도둑으로 생각하여 "요양보호사를 쫓아낸/ 할머니의 기억은/ 인생 어디쯤 아픔일까?"라고 묻는 슬픔이 황혼녘에 이르른 인간의 삶에 대한 슬픔을 묘파하고 있다.

시인의 눈길은 '물리치료실'에도 머문다. 「물리치료실」에서 "오메!/ 자네도 왔는가?"라고 사랑방이 되어버린 노년들의 정겹기도 하지만 슬픈 군상들의 모습에서 인간의 삶에 대한 회한에 젖기도 한다.

「철이 들다」에서는 점차 노년의 시간에 다가가는 시인의 깨달음을 형상화하고 있다.

> 봄이 오고 가을이 가는 길목
> 자연은 색 따라 철이 든다
>
> 사람에게도 철이 있다
>
> 청년의 때가 있고
> 노년의 때가 있다
>
> 자연에 무늬가 있듯이
> 사람에게도 무늬가 있다
>
> 철따라 무늬는 바뀐다
> 무늬를 알고 느끼고 인정하는 것
>
> 철이 드는 것이다
>
> -「철이 들다」 전문

자연의 섭리를 철(계절)에 따라 받아들이겠다는 시적 화자의 다짐이 있는 작품이다. "봄이 오면 가을이 가는 길목/ 자연은 색 따라 철이 든다"고 한다. 봄엔 새싹이 움트고, 여름엔 푸르름이 무성해졌다가, 가을이 되면 단풍이 들고 결실을 거두는 계절은 마침내 겨울이 되면 추워지고 눈이 하얗게 내리는 것이 자연의 이치이다. 사람에게도 철이 있다고 한다. 자연의 일부이며 구성원인 사람이 자연의 변화처럼 사람도 철이 있다고 한다. 여기서 '때'는 '시기'를 말하는 것으로 "청년의 때"와 "노년의 때"가 있다고 설파한다. 그리고 "자연에 무늬가 있듯이/ 사람에게도 무늬가 있다". '무늬'는 때를 나타내는 기표로, '청년의 무늬', '노년의 무늬' 같은 것이리라. 그러므로 "철 따라 무늬는 바"뀌는 것으로, "무늬를 알고 느끼고 인정하는 것"이 "철드는 것"이라고 한다. 이때의 '철듦'은 '깨달아 알게 된다'는 의미를 지닌다. 김경남 시인의 처지에서는 이제 계절로 비유하자면 가을 속으로 들어가는 자신의 때를 인정하겠다는 의미로 읽힌다. 이 작품은 '철', '때', '무늬' 등 의미가 중첩되거나 이 작품의 중심 요소를 지닌 시어들을 자주 사용함으로써 언뜻 보기에는 언어유희처럼 보이지만, 내밀하게 살펴보면 자연의 섭리를 받아들이고 순응하는 메시지를 던지기 위한 언어 구사로 작용하고 있음을 알 수 있다.

이 밖에도 시인의 일상을 통해 삶의 진중한 태도를 그린 「붓놀이 · 1」과 「붓놀이 · 2」는 서예와 회화를 통해 삶의 의미를 되새기고 있다. 「붓놀이 · 1」에서 "검은 연못에/ 몸을 담글 때/ 오히려/ 내 마음은 희어졌다"고 하고 있는데,

먹물에 붓을 적실 때 마음이 정화되었음을 참신한 시적 표현으로 적절하게 형상화했다. 「붓놀이 · 2」에서는 그의 언어가 붓으로 글씨를 쓰거나 그림을 그리는 것을 새롭게 말하는 것뿐만 아니라 역동적인 붓놀이를 통해 독자들에게 힘찬 에너지를 불러일으켜 주기도 한다.

「쓰면 써진다」에서도 서예를 하며 터득한 "하늘과 땅과 인간을 아우르는 진리였다는 사실"을 "묵향을 칠한 화선지에 홀로 서서/ 수천 번의 회칠한 바람을 맞고 나서야/ 비로소 깨닫게 되었다"고 고백하기에 이른다.

김경남 시집

무화과나무 아래 있을 때

2023년 3월 10일 인쇄
2023년 3월 15일 발행

지은이 | 김 경 남
펴낸이 | 강 경 호
인쇄 · 기획 | 도서출판 시와사람
등 록 | 1994년 6월 10일 제 05-01-0155호
주 소 | 광주시 동구 양림로119번길 21-1(학동)
전 화 | (062)224-5319
팩 스 | (062)225-5319
E-mail | jcapoet@hanmail.net

ISBN 978-89-5665-664-9 03810

값 12,000원

* 잘못된 책은 바꾸어 드립니다.

공급처 ■ 한국출판협동조합
경기도 파주시 적성면 적성산단3로 10 (적성일반산업단지 내)
주문전화 (02)716-5616, 070-7119-1740